BORSE E VALIGIE

I contenitori per portare con sè le c
ligie, cappelliere, necessaires, sacch⸱
renze per i ricchi e per la gente del ⸱
Divenuti col tempo anche accessori di ⸱⸱⸱⸱⸱⸱onne rap-
presentarono affascinanti strumenti di s⸱
Il nostro itinerario ha recuperato alcuni tr⸱ ⸱ significativi ripercor-
rendo un tratto di storia dall'800 fino alla ⸱00.
La diversità delle pelli e dei materiali, delle ⸱ ⸱⸱⸱ere, delle lavorazioni minuziose
fanno di ogni contenitore un documento di costume da leggere attentamente.
Dalle foto a colori si riscopre tutto il fascino di questi ''pezzi'' fatti con amore e
pazienza dagli artigiani.

BAGS AND SUITCASES

*Containers for carrying one's personal items: bags, handbags, beauty cases, suit-
cases, hat boxes, 'necessaires', kitbags and travelling bags. Products that always show
great differences, according to whether they were made for the rich or ordinary
people.*
*In time, these receptacles have also become fashion accessories, more elaborately
styled. For women they represent fascinating instruments of seduction. This Itinerary has rediscovered some of the most significant examples, an unusual face of history from the 19th century up to the Fifties.*
*Each container, fashioned with a variety of leather and other materials, clasps and
meticulous workmanship, are an interesting source of documentary evidence about
people's customs and habits.*
*The craftsmens' passion and patient skill is well-revealed by the colour photographs
of these interesting examples.*

Referenze fotografiche
Le fotografie sono di Bernardino Mezzanotte.
Grafica / _Graphic_
Luca Pratella
Traduzione / _Translation_
Johannes Henry Neuteboom

L'editore ringrazia per la preziosa collaborazione la "Raccolta Storica I Santi" di Amato Santi - Milano alla quale appartengono tutti i pezzi fotografati.

© BE-MA EDITRICE, Milano 1989
Via Teocrito, 50 - 20128 Milano

Fotocomposizione / _Filmset by:_ Primavera - Milano
Fotolito / _Colour reproduction by:_ Domino - Milano
Stampa / _Printed by:_ FBM - Gorgonzola (Mi)
Confezione: Legatoria Ferré - Brugherio (Mi)

Itinerari d'Immagini n° 26
1ª ristampa 1991
1st reprinting 1991

ISBN 88 - 7143 - 082 - 4
Stampato in Italia / _Printed in Italy_
Autorizzazione del Tribunale di Milano n° 190 del 6/3/87

Itinerari d'immagini

BORSE E VALIGIE

BAGS AND SUITCASES

Letizia Bordignon Elestici

BE-MA Editrice

Fine '700

Piccola borsa in pelle nera con fregi floreali dipinti. Cerniera di "sicurezza" a spirale con chiusura ad avvitamento.
Misure: cm. 15 x 11 x 3

Late 18th century
Small black leather bag with painted floral decorations.
Spiral 'safety' clasp with screw-in fastener.
Size: 15 x 11 x 3 cm.

Fine '700 inizio '800   Borsetta "elemosiniera" in seta rosa antico ricamata a pic-
colo·punto con perline multicolori. Cerniera a catenella
in metallo dorato.
Misure: cm. 22 x 14

Late 18th - early 19th century
"Alms" bag made of pale silk with finely-stitched embroi-
dery and multi-coloured beadwork. Gilded metal clasp and
chain.
Size: 22 x 14 cm.

6

1850 circa

Borsa da lavoro femminile in broccato rosso e oro. Impreziosita dal ricamo, dai fregi, dalle nappine e dal lungo manico a cordonetto in filo d'oro.
Misure: cm. 35 x 27 x 2

1850 circa
Woman's work bag in red and gold brocade. Decorated with embroidery, ornaments, tassles and long gold-thread handle.
Size: 35 x 27 x 2 cm.

Metà '800

Borsetta in lino dipinta e ricamata a mano, appartenuta al corredo da sposa di una fanciulla di nobile casato.
Al centro il motto: "Spes ultima dea" (La speranza è l'ultima dea).
Misure: cm. 16 x 18 x 4

Mid 19th century
Hand-painted and embroidered bag, part of a bride's trousseau, belonging to a girl of noble birth.
In the centre is the motto 'Spes ultima dea' (Hope is the last goddess).
Size: 16 x 18 x 4 cm.

'800

Porta aghi in cuoio marrone, con custodia estraibile. All'esterno tre piccole tasche per aghi.
Misure: cm. 2 x 4 x 1

19th century
Brown leather needle case with removeable holder. Inside, there are three small pockets for the needles.
Size: 2 x 4 x 1 cm.

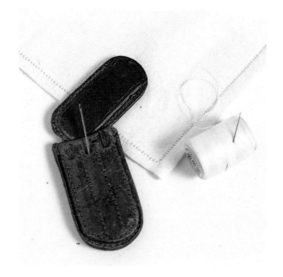

1850

Produzione americana. Borsettina a reticella in metallo dorato, a forma di sacchettino; la linea ricorda le elemosiniere. Veniva usata le sera legata al polso oppure infilata alla cintura.
Misure: cm. 13 x 7

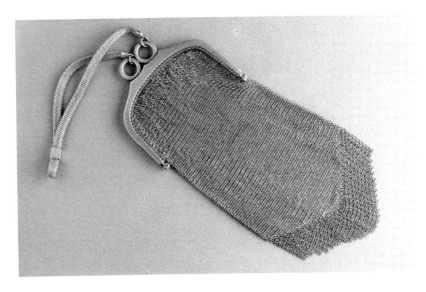

1850
Made in America. Gilded metal net pouch-type bag, in a style reminiscent of the alms-bags.
Used in the evening strapped to the wrist, or else slipped onto the belt.
Size: 13 x 7 cm.

Seconda metà dell'800

Piccola borsa da sera in raso nero plissettato, a forma di conchiglia. Manico corto in raso nero.
Misure: cm. 13 x 19 x 3

Second half of the 19th century
Small black pleated satin evening bag, of shell shape. Short black satin handle.
Size: 13 x 19 x 3 cm.

Particolare della cerniera: il prezioso fermaglio a forma
di mezzaluna, in argento e brillantini, con al centro un'o-
nice quadrata.

*Detail of the clasp: a precious crescent-shaped silver and
diamond-studded fastener with an onyx square in the
centre.*

1880

Borsa piatta con borsellino, in broccato nero e oro a disegni stilizzati con fiori e animali. Appartenuta a una nobildonna fiorentina e, probabilmente, da lei stessa realizzata.
Misure: cm. 26 x 16

1880
Blak and gold brocade flat bag with purses, decorated with flower and animal designs. It belonged to a Florentine noblewoman, and was probably made by her.
Size: 14 × 16 cm

Fine '800

Borsettina in seta nera a pois di velluto con applicato un prezioso pizzo "vedovile". Manico e fiocchetti in gros nero.
Misure: cm. 19 x 11 x 4

Late 19th century
Black silk bag with velvet polka dots and precious "widow's" lace. Heavy black silk handle and tassels.
Size: 19 × 11 × 4 cm

15

Fine '800

Borsettina in raso nero trapuntato con un disegno a quadrati.
Fine cerniera in argento bianco e dorato, cesellata a mano, con incastonate due pietre verdi.
Piccolo manico in nastro nero.
Misure: cm. 14 x 16 x 2

Late 19th century

Black satin quilted bag with square motifs. Fine hand-engraved white silver and golden clasp studded with two green gems. Small black ribbon handle.
Size: 14 x 16 x 2 cm.

"La valigia della diligenza". Classica borsa/valigia dalla pregevole forma ancora moderna e funzionale. Realizzata in cuoio robusto stampato a "paglia". Chiusura di metallo con doppia sicurezza.
Misure: cm. 60 x 30 x 29

19th century
'The stage-coach suitcase'. Classical bag/suitcase of pleasing shape, which is still modern and practical. Made of tough leather, embossed with a woven straw pattern. Double lock fastener.
Size: 60 x 30 x 29 cm.

Fine '800

Tre piccole borse da viaggio in cuoio marrone; le due laterali sono per uomo, quella al centro, con piccolo manico, è per signora.
Misure: cm 12 × 15 × 5

Late 19th century
Three small brown leather travelling bags: those on each side for men, and the one in the centre, with small handle, for ladies.
Size: 12 x 15 x 5 cm.

Borsa da viaggio e valigia in cuoio marrone, entrambe a
"soffietto".
La valigia è rinforzata da due cinghie esterne e da una struttura metallica interna.
Misure: borsa cm. 19 x 38 x 12
          valigia cm. 29 x 57 x 28

Late 19th century

Travelling bag and case in brown leather, both of 'Gladstone' type. The case is reinforced by two outer straps and an interior metal structure.
Size: bag 19 x 38 x 12 cm., case 29 x 57 x 28 cm.

Particolare. Interno della valigia diviso da un pannello rigido in tela, sul quale è applicata una grande tasca con patella.

Detail view. The interior of the case is divided by a stiff cloth panel, onto which is fitted a large pocket with flap.

'800

Scatola portacolletti da uomo con, sul coperchio, custodia porta bottoni e gemelli. Pelle di foca applicata su di
un fusto di legno.
Misure: cm. 25 x 20 x 23

19th century
Man's collar box. Lid has holder for collar studs and cuff-
links. Made of sealskin mounted on a wooden container.
Size: 25 x 20 x 23 cm.

Fine '800

Grande cappelliera per signora in cuoio e cartone. Ha le dimensioni esatte per contenere un solo elaborato cappello allora di moda.
Misure: cm. 55 x 35

Late 19th century
Large leather and cardboard hat box, for ladies: the exact size for containing only one elaborate and fashionable hat.
Size: 55 x 35 cm.

'800

Robusta valigia/bauletto in tela marrone con cinghie e maniglia in cuoio, rinforzata sui bordi; il soffietto interno ne
raddoppia la capienza.
Misure: cm. 31 x 49 x 22

Late 19th century

*Rugged suitcase or small trunk, made of brown canvas with
leather straps and handle: reinforced along the edges. The
internal compartment opens out like a concertina to double the capacity.*
Size: 31 x 49 x 22 cm.

Particolare: il soffietto interno e il divisorio rigido ricoperto
in tela rigata come la fodera.

*Detail: the internal concertina-type compartment and stiff
divider covered in striped cloth to match the lining.*

Metà '800

Borsa per medico in cuoio nero con un monogramma in metallo dorato. Tra le borse professionali è la più conosciuta e popolare.
Misure: cm. 22 x 37 x 17

Mid 19th century

A doctor's black leather bag with gilded metal monogram. Of all the bags for professional use, this is the best known and the most popular.
Size: 22 x 37 x 17 cm.

Metà '800

Borsa professionale per ostetrica. Modello in cuoio, originariamente tinto di nero, stampato "paglia", con manico rinforzato e chiusura di sicurezza.
Misure: cm. 16 x 45 x 14

Mid 19th century
Midwife's professional bag. Made of leather, originally stained black, with a woven-straw embossed pattern. Complete with reinforced handle and safety catch.
Size: 16 x 45 x 14 cm.

Primi '900

Borsa femminile da viaggio. Si ritrova qui riprodotto il modello ottocentesco utilizzato dal medico che, evidentemente, rispondeva alle necessità della viaggiatrice, grazie al poco ingombro.
Misure: cm. 35 x 19 x 12

Early 20th century
Lady's travelling bag: this bag reproduces the 19th century doctor's bag model which was also evidently well suited to travel, occupying little space.
Size: 35 x 19 x 12 cm.

Primi '900

Borsone da viaggio con doppia maniglia e cinghie di stile inglese.
Cuoio morbido su base rigida.
Misure: cm. 63 x 30 x 37

Early 20th century
Travelling hold-all with double handle and straps, English style. Soft leather on stiff base.
Size: 63 x 30 x 37 cm.

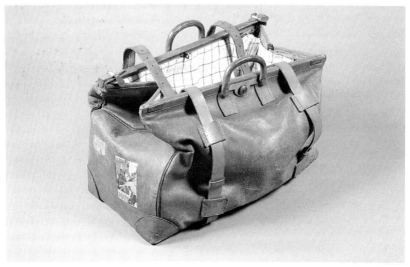

29

Primi '900

Cappelliera porta-cilindro. Manifattura varesina. Modello in uso dall'ultimo periodo dell'800.
Misure: cm. 36 x 25 x 33

Early 20th century
Top-hat box. Manufactured in Varese. Model in use during the last years of the 19th century.
Size: 36 x 25 x 33 cm.

Primi '900

Cappelliera per signora. Manifattura varesina. Modello in uso fino agli anni '20.
Misure: cm. 36 x 25 x 30

Early 20th century
Lady's hat box. Manufactured in Varese. A model in use up until the Twenties.
Size: 36 x 25 x 30 cm.

Primi '900

Coppia di piccole borse da viaggio per signora, stile '800. Cuoio marrone stampato "paglia". Cerniere in metallo con chiusura a chiave.
Misure: cm. 39 x 20 x 15
           cm. 28 x 15 x 17

Early 20th century
Pair of small travelling bags, lady's model, 19th century style. Brown leather with embossed woven straw pattern. Metal clasp, lock and key.
Sizes: 39 x 20 x 15 cm., and 28 x 15 x 17 cm.

1910 circa

Grande borsa da viaggio stile "diligenza". Nel sottofondo c'è un elegante e comodo necessaire per toilette.
Misure: cm. 62 x 30 x 30

1910 circa
Large travelling bag, 'stage-coach' style: an elegant and handy toilette necessaire is incorporated in the base.
Size: 62 x 30 x 30 cm.

33

1910 circa

Piccolo beauty-case per signora in pelle viola. Al suo interno un necessaire in cristallo, avorio e metallo dorato.
Produzione per Ltd Harrods (London s.w.)
Misure: cm. 21 x 15 x 9

1910 circa
Lady's small, violet leather beauty case. Inside a cut glass, ivory and gilded metal necessaire. Made for Harrods Ltd. of London.
Size: 21 x 15 x 9 cm.

Primi '900

Piccola borsa giapponese da cintura, in panno verde pro-
filato con pelle naturale. Stringi-cordone in avorio.
Misure: cm. 16 x 11 x 2

Early 20th century.
A small Japanese bag to hang at the belt, made of green
fabric trimmed with natural leather. Ivory draw-string fa-
stener.
Size: 16 x 11 x 2 cm.

1915

Borsa da pomeriggio in lucertola, con catenella e cerniera d'argento finemente lavorata; produzione americana.
Misure: cm. 16 x 18 x 4

1915
Lizard skin afternoon bag, with finely-worked silver chain and clasp. Made in America.
Size 16 x 18 x 4 cm.

1915

Piccola borsa da pomeriggio, dalle dimensioni di un portafoglio, in camaleonte naturale. Maniglia e cerniera in argento.
Misure: cm. 19 x 10 x 2

1915
Small afternoon bag, the size of a purse, made of natural chameleon lizard skin. Silver handle and fastener.
Size: 19 x 10 x 2 cm.

Primi '900

Piccola borsa da sera in rete d'argento, con anello da polso. Rifacimento moderno delle antiche "reticules" chiamate volgarmente nel '700 le "ridicules".
Misure: cm. 10 x 6

Early 20th century
Small silver net evening bag, with wrist band. A modern reproduction of the old 'reticules', often known as 'ridicules' during the 18th century.
Size: 10 x 16 cm.

39

1910 - 1920

Borsetta in maglia d'argento, con manico ovale rigido e apribile.
Decorata con frange.
Misure: cm 24 x 15

1910 - 1920.
Small bag in knitted silver thread, with rigid oval handle that can be opened. Decorated with fringes.
Size: 24 x 15 cm.

1915 - 1920

Pochette da sera, con passante-maniglia sul retro, ricoperta con strass nere e argento; profili ricamati con piccole perle rosa.
Misure: cm 19 x 10 x 3

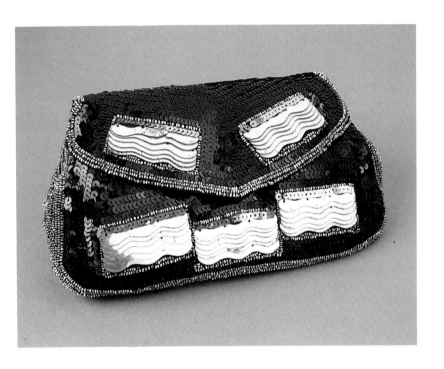

1915 - 1920
Evening pochette, with loop-handle on the back, covered with black and white paste jewels: embroidered trimming with small pink beads.
Size: 19 x 10 x 3 cm.

1915 -1920

Completo di cintura e borsa in maglia di perline nere con composizioni floreali a più colori.
Appartenuta a una nobildonna napoletana.
Misure: borsa cm. 15 x 18
cintura cm. 150

1915 - 1920

Matching belt and bag of black beadwork with multicoloured floral designs. It belonged to a Neapolitan noblewoman.
Size: bag 15 x 18 cm., belt 150 cm.

1915

Piccola borsa da sera in tessuto ricamato a mano con perline di vetro; ripropone la forma a "conchiglia" di moda nell'800.
Cerniera a "borsellino" e sottile tracolla in metallo.
Misure: cm. 14 x 12 x 3

1915

Small fabric evening bag, hand-embroidered with glass beads. It recalls the shell-shaped bag fashionable during the 19th century. Purse-type fastener and thin metal shoulder strap.
Size: 14 x 12 x 3 cm.

42

1915 - 1920

Borsa in gros-grain nero e bianco con piccolo portamonete in tessuto a righe. Cerniera d'argento, con apertura a losanga e fermaglio in ametista.
Misure: cm. 26 x 17 x 2

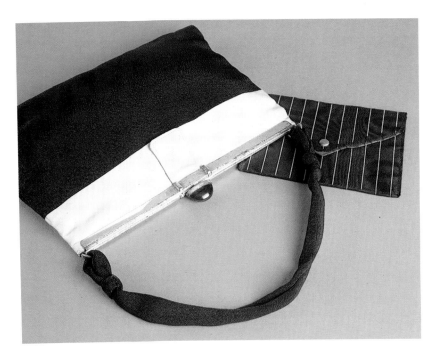

1915 - 1920
Black and white gros-grain bag with small striped cloth purse. Silver clasp, frame opening in a diamond-shape, and amethyst clasp.
Size: 26 x 17 x 2 cm.

1915 -1920

Set da viaggio per signora in coccodrillo bruno, compo-
sto da due valigie e una borsa-bauletto con necessaire per
toilette.
Oggetti di lusso con coperture in panno confezionate su
misura.
Misure: 1ª valigia cm. 50 x 35 x 12
            2ª valigia cm. 43 x 27 x 12
            Borsa cm. 35 x 26 x 16

1915 - 1920

*Lady's brown crocodile travelling set, consisting of two
suitcases and a small case for toilette. Luxury items with
cloth covers made to measure.*
*Size: first suitcase 50 x 35 x 12 cm., second suitcase 43
x 27 x 12 cm., case 35 x 26 x 16 cm.*

Particolare

Necessaire inserito nel fondo della borsa-bauletto in coccodrillo. Contiene flaconi, spazzole, pettini, necessaire per manicure e altri pezzi in cristallo di Boemia, avorio e metallo dorato.
Produzione per Keller 18 Av. e Matignon - Paris.
Accanto, una pochette in coccodrillo.

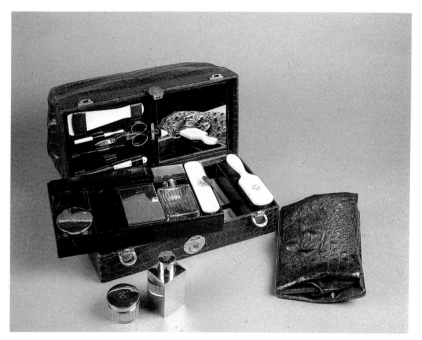

Detail

*The necessaire incorporated in the bottom of the crocodile case. Flacons, brushes, combs, manicure sets and other articles of Bohemian cut glass, ivory and gilded metal. Manufactured for Kelle 18 Ave. Matignon, Paris.
(Alongside, a pochette in crocodile).*

1915 -1920

Le valigie dell'emigrante.
Gruppo di valigie usate nei viaggi della speranza. Sono in cartone, tela, fibra e scarti di cuoio.
Misure: cm. 50 x 32 x 15; cm. 45 x 30 x 12; cm. 43 x 28 x 12

1915 - 1920
The emigrant's suitcases.
A set of suitcases used in voyages of hope! Made of cardboard, canvas, vulcanized fibre and scrap leather.
Sizes: 50 x 32 x 15 cm.; 45 x 30 x 12 cm.; 43 x 28 x 12 cm.

1920

Grande valigia a "soffietto", in cuoio naturale morbido. Ha una robusta maniglia e due serrature a scatto poste ai lati e nascoste dalle cinghie di rinforzo.
Misure: cm. 78 x 45 x 25

1920
Large 'Gladstone' type suitcase, of soft natural leather. Rugged handle and two snap locks at the sides, hidden by the reinforcing straps.
Size: 78 x 45 x 25 cm.

Particolare

Manico e chiusura del coperchio; la serratura laterale è nascosta dalla grande patella di cuoio bloccata dalla cinghia.

Detail
Handle and lid fastener. The side lock is concealed by the large leather flap held in place by the strap.

1922

Busta porta necessaire da viaggio per uomo, in pelle di foca verde.
Interno in camoscio chiaro; accessori in cristallo, argento e smalto verde.
Misure: cm. 34 x 26 x 5

1922

Man's travelling necessaire case, in green sealskin. Light suede internal lining; green enamelled, silver and glass accessories.
Size: 34 x 26 x 5 cm.

Anni '20

Valigetta da viaggio per uomo con necessaire, in stile "coloniale".
I pannelli portaoggetti sono estraibili. Cuoio naturale; fodera in tela con bordure in pelle.
Misure: cm. 44 x 39 x 17

Twenties

Man's small travelling case with necessaires, 'colonial' style. The accessory holder boards are removeable. Natural leather, cloth lining with edges trimmed in leather.
Size: 44 x 39 x 17 cm.

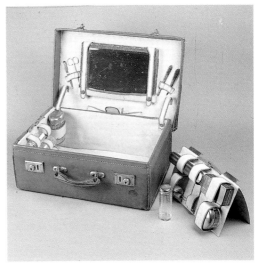

51

1925

Cappelliera da viaggio per signora a forma ovale in cuoio nero con bordure in cuoio naturale.
Misure: cm. 41 x 45 x 19

1925
Lady's oval-shaped hat box, in black leather, edges trimmed with natural leather.
Size: 41 x 45 x 19 cm.

1925

Grande borsa quadrangolare in vitello marrone, di linea piatta, con pattina circolare e guarnizione in avorio.
Misure: cm. 25 x 25 x 3

1925
Large quadrangular flat bag in brown calf with ivory trimmings and circular flap.
Size: 25 x 25 x 3 cm.

Anni '20

Borsetta in vitello blu, a busta, con piccolo manico. Interno in raso grigio a più scomparti e portamonete.
Misure: cm. 23 x 15 x 3

Twenties
Envelope-type bag in blue calf, with small handle. It has various internal compartments, with grey satin lining and purse.
Size: 23 x 15 x 3 cm.

Particolare

E' evidente la singolare chiusura in argento.

Detail
The unusual silver fastener is well-shown here.

Anni '20

Busta in vitello blu con passante-maniglia.
Cerniera e fibbie in argento.
Misure: cm. 29 x 17 x 2

Twenties
*Blue calf envelope-type bag with loop handle. Silver clasp
and buckle.*
Size: 29 x 17 x 2 cm.

Anni '20

Busta in capretto marrone a disegni geometrici. Il "futuri-
smo" propone nuovi disegni e nuove linee anche per la
borsa, qui lavorata a intarsi con molti colori vivaci.
Misure: cm. 25 x 15 x 3

Twenties
*Brown pigskin envelope type bag with geometric designs.
The Futurists proposed new designs and shapes for the
bag, which was embossed with brightly coloured inlaid
work.*
Size: 25 x 15 x 3 cm.

57

Anni '20

Grande valigia in cuoio blu con inserita valigetta porta-necessaires
Accessori in argento, cristallo e avorio. Tipica per l'uomo che viaggiava in pieno comfort.
Misure: cm. 55 x 38 x 20

Twenties

Large blue leather suitcase with necessaire case incorporated. Silver, cut glass and ivory accessories. A typical possession of the man used to travelling in great comfort. Size: 55 x 38 x 20 cm.

Anni '20

Cartella portadocumenti con tasca esterna a scomparti.
Cuoio nero con originali disegni bulinati e fodera interna in tela viola.
Misure: cm. 47 x 34 x 4

Twenties

*Briefcase with outer pocket and internal divisions. Black leather with original engraved designs and violet inner fabric lining.
Size: 47 x 34 x 4 cm.*

1925

Piccola borsa in capretto marrone "goffrato". Chiusura a saltarello con fermaglio in osso e linguetta laterale per facilitare l'apertura.
Misure: cm. 20 x 15 x 3

1925
Small bag in brown calfskin with goffering. Snap fastener with bone clip and side tab for easier opening.
Size: 20 x 15 x 3 cm.

1925 - 1930

Borsetta a tracolla di fattura americana, in rettile dipinto a motivi astratti; la cerniera, cesellata, è in metallo dorato.
Misure: cm. 22 x 12 x 5

1925 - 1930
American-made shoulder bag of snakeskin painted with abstract designs. The engraved clasp is of gilded metal.
Size: 22 x 12 x 5 cm.

Anni '30

Piccola borsa in lucertolina, color verde e catena dorata a tracolla.
Preziosa cerniera e fregio con perle.
Misure: cm. 18 x 13 x 5

Thirties
Small bag in green lizard skin, with gilded metal shoulder-length chain. An exquisite clasp and frieze with pearl decorations.
Size: 18 x 13 x 5 cm.

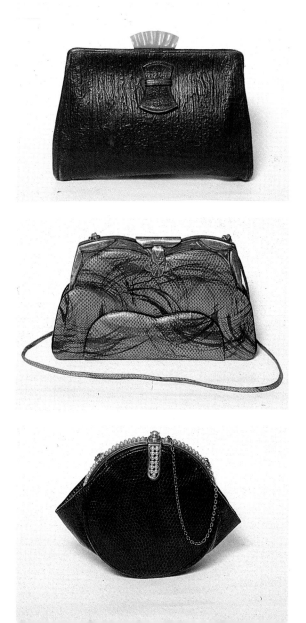

Anni '30

E' di scena il coccodrillo! La sua pelle è sempre più impiegata nella pelletteria elegante di cui sono riprodotti due esemplari: pochette con cerniera in argento e tartaruga e una borsa dalla originale linea ad arco con piccola maniglia.

Misure: pochette cm. 25 x 14 x 4
ad arco cm. 20 x 15 x 4

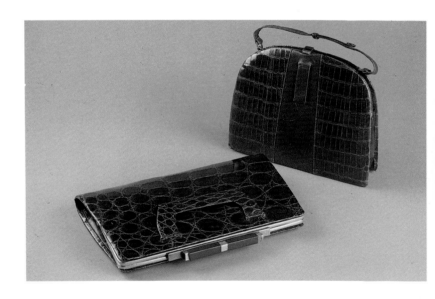

Thirties

Crocodile in fashion! Its skin was increasingly used by the smart leather goods shops. Here are two examples: pochette with silver and tortoise-shell clasp, and an original arc-shaped bag with a small handle.
Size: pochette 25 x 14 x 4 cm., arc-shaped bag 20 x 15 x 4 cm.

La pochette in coccodrillo vista al suo interno con il grande portamonete fissato al centro. La fodera è in seta marrone.

Inside view of the crocodile pochette with the large purse fitted in the centre. Brown silk lining.

Anni '30

Elegante borsa da pomeriggio in vernice nera, con maniglia-passante su di un lato. Ricorda la forma a "conchiglia" del primo '900.
Misure: cm. 34 x 18 x 5

Thirties
Smart black patent leather afternoon bag, with loop handle on one side. It recalls the shell-shapes of the early 20th century.
Size: 34 x 18 x 5 cm.

Anni '30

Trionfa la pochette! Borsa rettangolare, piatta, da portare sotto il braccio: è la regina di quegli anni.
L'esemplare riprodotto è in capretto marrone-rossiccio.
Misure: cm. 35 x 19 x 2

Thirties
The Golden Years of the pochette! A flat, rectangular bag carried under the arm, it was queen in those days. The bag shown here is of red-brown kid.
Size: 35 x 19 x 2 cm.

Anni '30

Pochette blu a doppia patella con fibbia e passante in pelle.
Misure: cm. 33 x 19 x 2

Thirties
Blue pochette with double flap, with buckle and loop; made of leather.
Size: 33 x 19 x 2 cm.

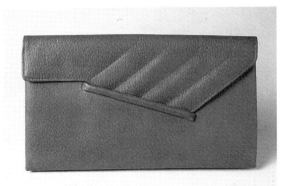

1935

Originale borsa in pelle di vitello nero a forma poliedrica, con manico a laccio. Piccola chiusura metallica sulla patella triangolare.
Misure: cm. 20 x 32 x 15

1935
Original black calf leather bag of polyhedral shape and knotted handle. Small metal fastener on the triangular flap.
Size: 20 x 32 x 15 cm.

1938

Borsa in pelle di coccodrillo marrone; modello di linea bassa e allungata che verrà riproposto nei primi anni '50. Misure: cm. 30 x 14 x 8

1938
Brown crocodile skin bag; a low-line, elongated model, that was later to be copied, in the early Fifties.

1935

Borsetta-bauletto con doppio manico in lucertola colore cuoio naturale. Insolita la chiusura.
Misure: cm. 19 x 15 x 7

1935
A case with double handle, of natural leather colour lizard skin. Unusual fastener.
Size: 19 x 15 x 7 cm.

1938

Grande borsa piatta con manico rigido, cerniera rettangolare in metallo e linguetta triangolare con fregio.
Misure: cm. 37 x 27 x 3

1938
Large flat bag with rigid handle, rectangular metal clasp
and decorated triangular flap.
Size: 37 x 27 x 3 cm.

Anni '30

Coppia di trousse a scatola, in camoscio nero con necessaire per trucco. Il modello con laccio fungeva anche da
piccola borsa da sera.
Misure: cm. 10 x 8 x 3
           cm. 7 x 9 x 4

Thirties

*A pair of box-shaped black suede 'trousses' with make-
up accessories. The model with draw string was also used
as a small evening bag.*
Sizes: 10 x 8 x 3 cm., 7 x 9 x 4 cm.

Particolare. Interno della trousse da sera con specchio sotto
il coperchio, pannello divisorio e spazi portaoggetti e porta
trucco.

*Detail. The inside of the evening trousse with mirror un-
der the lid: divider panel and holders for accessories and
cosmetics.*

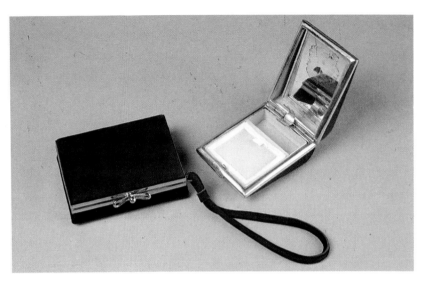

71

Anni '30

Sacchettino da sera in camoscio nero impunturato, con doppio manico tubolare a laccio trattenuto da una placca in metallo dorato.
Misure: cm. 22 x 19 x 6

Thirties
Stitched black suede evening bag with double tubular cord handle fastened by a gilded metal disc.
Size: 22 x 19 x 6 cm.

Particolare. Impuntura che crea il motivo a righe. Piccola catena con presina in camoscio per la cerniera lampo interna.

Detail. The stitching that creates the linear motif. Small chain with suede puller tab for the inside zip fastener.

Anni '30

Trousse in metallo dorato e smalto nero con chiusura a "saltarello".
Specchio sotto il coperchio e funzionale suddivisione interna con portatrucco e portaoggetti.
Misure: cm. 13 x 8 x 2

Thirties

Gilded metal and black enamelled trousse with snap fastener. Mirror under lid and functional internal subdivision with holders for accessories and cosmetics.
Size: 13 x 8 x 2 cm.

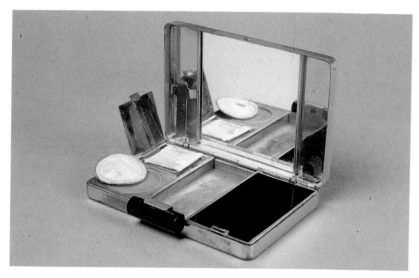

Anni '30

Trousse da passeggio in coccodrillo rosso e cerniera in metallo dorato. Interno a scomparti chiusi in pelle di cinghiale naturale.
Misure: cm. 18 x 12 x 3

Thirties
Red crocodile trousse with gilded metal clasp for promenades. Inside there are closed compartments made of natural pigskin.
Size: 18 x 12 x 3 cm.

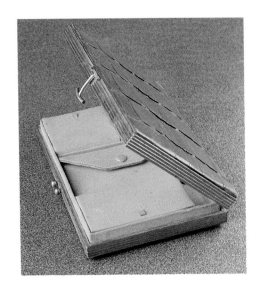

Particolare. La chiusura ad ancora.

Detail. The anchor-type fastener.

Anni '30

Borsa a "fiocco" in pelle di rettile color verdone. Originale chiusura centrale e manico a laccio.
Misure: cm. 22 x 17 x 8

Thirties
Dark green snakeskin bag. Original central clasp and cord handle.
Size: 22 x 17 x 8 cm.

Particolare. L'apertura che divide la borsa in due corpi uguali.
Fine fodera in tela rosa con profili in pelle.

Detail. The bag opens into two equal compartments. Fine pink lining trimmed with leather.

Fine anni '30

Portacipria (cm 8 x 1) rotondo e portanecessaire (cm 12 x 9 x 5) da barba, in pelle di cinghiale.
Piccola trousse con maniglia in pelle di vitello color cuoio, incisa in oro (cm. 20 x 10 x 5)

Late Thirties
Round powder box (8 x 1 cm.) and shaving bag (12 x 9 x 5 cm.) made of pigskin.
Small natural leather colour calf trousse with handle, inlaid with gold. (20 x 10 x 5 cm.).

Fine anni '30

Due sacchettini da sera con un'originale chiusura a pantografo.
Uno in camoscio nero con fregi dipinti in oro, l'altro in pelle dorata.
Misure: nero cm. 11 x 11 - oro cm. 10 x 9

Late Thirties.
Two evening bags with original pantographic fastener. One is in black suede with gold-painted decorations, the other is in gold-painted leather.
Sizes: black 11 x 11 cm., gold 10 x 9 cm.

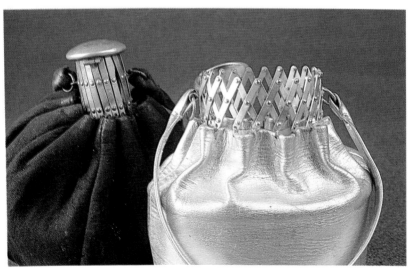

Anni '30

Piccola borsa da pomeriggio in chevreau marrone con catenella e cerniera in "rodoid" sulla quale sono dipinti due
aironi.
Chiusura a cavallotto.
Misure: cm. 24 x 12 x 9

Thirties

*Small afternoon bag in brown kid, with chain and rodoid
clasp, on which are painted two herons. U-bolt fastener.
Size: 24 x 12 x 9 cm.*

Anni '30

Sacchetto da sera in tessuto a rete tempestato di strass e con preziosa chiusura in oro cesellato, piccolo manico di nastro.
Misure: cm. 13 x 11 x 8

Thirties.
Silk net evening bag studded with paste jewellery; precious engraved gold fastener, small ribbon handle.
Size: 13 x 11 x 8 cm.

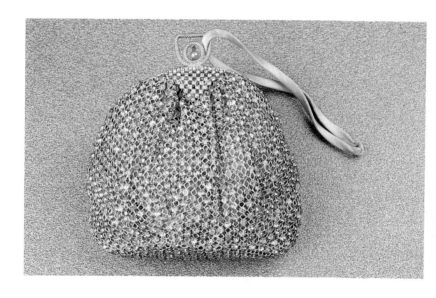

Fine anni '30

Borsa da sera in tessuto "gobelin". Lunga catena e cerniera in metallo dorato.
Misure: cm. 23 x 18 x 1

Late Thirties.
Evening bag made of 'Gobelin' tapestry. Long chain and clasp of gilded metal.
Size: 23 x 18 x 1 cm.

Borsetta da sera in seta ricamata con perline di vetro a molti colori. Assai raffinato ed elaborato il disegno che s'ispira all'arte decorativa dell'epoca. Cerniera in tartaruga e lungo manico tubolare ricamato anch'esso.
Misure: cm. 15 x 16 x 4

Thirties

Silk evening bag embroidered with multi-coloured glass beads. The rather elegant and elaborate design was inspired by the decorative art of the day. Tortoise-shell clasp; the long tubular handle is also embroidered.
Size: 15 x 16 x 4 cm.

Anni '30

Piccola borsa da sera in raso nero plissettato che ripropone un modello dell'800. Cerniera in argento decorata con piccole perle e pietre rosse, e arricchita da un prezioso ricamo a mano.
Misure: cm. 18 x 15 x 2

Thirties
Small evening bag in pleated black satin, a reproduction of a 19th century model. Silver clasp studded with small beads and red gems; delicate hand embroidery.
Size: 18 x 15 x 2 cm.

Anni '30

Originale borsetta-trousse verticale in pelle stampata oro secondo lo stile "fiorentino". Tracolla in maglia di metallo dorato.
Misure: cm. 10 x 12 x 2

Thirties
Original vertical trousse of gold-worked leather in the Florentine style. Shoulder strap of knitted gilded thread.
Size: 10 x 12 x 2 cm.

Anni '40

Borse triangolari in cuoio verde e nero, con cerniera interna.
Forma particolarmente capiente e pratica.
Misure: cm. 35 x 28 x 5 - cm. 25 x 20 x 3

Forties
Black and green leather triangular bags, with internal fastener. Highly practical, with an exceptionally large capacity.
Sizes: 35 x 28 x 5 cm., 25 x 20 x 3 cm.

Anni '40

Due borse secchiello realizzate con "cuoietto" autarchico, del periodo della seconda guerra mondiale.
Misure: rosa cm. 25 x 19 x 12 - nero cm. 26 x 22 x 11

Forties
Two bucket bags made with autarchic simulated leather, during the period of the Second World War.
Size: pink 25 x 19 x 12 cm., black 26 x 22 x 11 cm.

Anni '40

Borsa di grandi dimensioni, su modello fine anni '30, in finta pelle marrone. Accurata fattura artigianale con cerniera ricoperta, chiusura a cavallotto e doppio manico.
Misure: cm. 36 x 24 x 12

Forties
A large bag based on late Thirties model, made in imitation leather. Carefully crafted with covered clasp, U-bolt fastener and double handle.
Size: 36 x 24 x 12 cm.

Anni '40

Piccola borsa in feltro. Sono gli anni della guerra: per confezionare le borse si usa anche il feltro dei cappelli.
Misure: cm. 16 x 22 x 12

Forties
Small felt bag. During the war years, bags were also made out of hat felt.
Size: 16 x 22 x 12 cm.

1948

Secchiello rigido, con coperchio, realizzato con pelle stampata tipo foca. Lungo manico a tracolla.
Misure: cm. 19 x 18 x 15

1948
Rigid bucket bag with lid, of embossed imitation sealskin.
Long shoulder-strap.
Size: 19 x 18 x 15 cm.

Anni '40

Borsa da passeggio realizzata con materiali sperimentali della Pirelli/Revel: la veletta per cappelli da signora è ricoperta da uno strato di gomma colorata.
Misure: cm. 22 x 21 x 6

Forties
Bag for promenades, made of experimental materials supplied by Pirelli/Revel: the lady's hat veil is covered with a layer of coloured rubber.
Size: 22 x 21 x 6 cm.

Anni '40

Borsa in "cuoietto" autarchico, di bella linea classica e con manico rigido. Particolarmente pregevole il colore.
Misure: cm. 28 x 23 x 7

Forties
Autarchic simulated leather bag, of pleasing classical lines, with rigid handle. The colour is especially attractive.
Size: 28 x 23 x 7 cm.

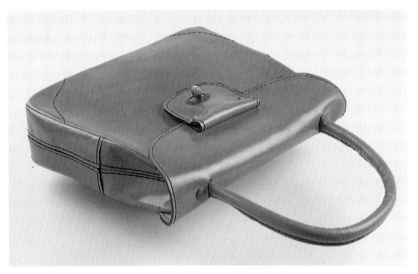

Anni '40

Valigia in tela grezza, tipo sacco, con angoli rinforzati in cuoio e metallo.
Misure: cm. 60 x 37 x 16

Forties
Suitcase made of unrefined sack-type cloth: corners reinforced with leather and metal.
Size: 60 x 37 x 16 cm.

95

Anni '40

Coppia di valigie in cuoio naturale, foderate con tela leggera e tasche interne.
Misure: cm. 65 x 40 x 15 - cm. 50 x 30 x 13

Forties
Pair of suitcases, made of natural leather, lined with light fabric, with internal pockets.
Sizes: 65 x 40 x 15 cm., 50 x 30 x 13 cm.

Particolare. Le maniglie e le serrature a scatto.

Detail. Handles and snap locks.

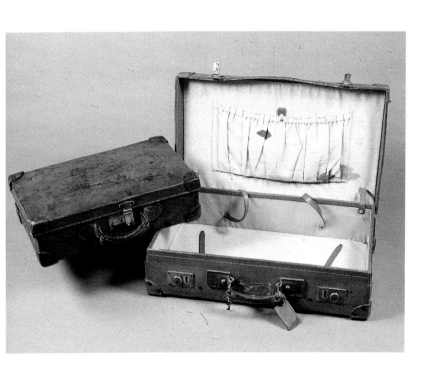

Fine anni '40

Elegante borsa per signora in vitello blu, dalla linea classica, che segna il ritorno della grande pelletteria italiana.
Misure: cm. 25 x 15 x 5

Late Forties
An elegant blue calf bag for ladies: its classic lines herald the renaissance of the Italian leather-working industry.
Size: 25 x 15 x 5 cm.

Fine anni '40

Borsa in pitone naturale con grande cerniera dorata e doppio manico.
Rielaborazione di un modello degli anni '30. Fodera in camoscio.
Misure: cm. 37 x 19 x 11

Late Forties
Natural python-skin bag with large gilded clasp and double handle. A reproduction of a Thirties model. Suede lining.
Size: 37 x 19 x 11 cm.

1948

Borsa-bauletto in pelle rossa con motivo laterale a fisarmonica; è un esempio della ripresa produttiva della pelletteria dopo la guerra.
Misure: cm. 17 x 14 x 14

1948
Red leather case with a pleated motif on the side: an example of the revival in leather goods manufacturing after the war.
Size: 17 x 14 x 14 cm.

Inizio anni '50

Borsetta da pomeriggio in camoscio nero, modello a scatola con specchio sotto il coperchio.
Misure: cm. 13 x 14 x 13

Early Fifties
Black suede afternoon bag, a box model with mirror under the lid.
Size: 13 x 14 x 13 cm.

Metà anni '50

Coppia di borse di linea a "bassotto" in pelle di vitello marrone e vernice nera, con lunghi manici.
Modelli di grande diffusione.
Misure: marrone cm. 25 x 11 x 8 - nera cm. 32 x 11 x 10

Mid Fifties
*A pair of 'sausage' bags made of brown calf and black patent leather, with long handles. Highly popular models.
Sizes: brown 25 x 11 x 8 cm., black 32 x 11 x 10 cm.*

Particolare. La linea a "bassotto" è stata di moda fino agli anni '60 e riproduceva in piccolo modelli più grandi e costosi.

Detail. The 'sausage' style was fashionable right up to the end of the Sixties: the larger and more expensive models were reproduced in smaller versions.

Metà anni '50

Piccola borsa a cestello in pelle di vitello grigia, con due manici e con chiusura a scatto.
Un modello in piccolo di una borsa più grande e costosa.
Misure: cm. 22 x 13 x 7

Mid Fifties
Small basket bag made of grey calf leather, with two handles and snap fastener. A smaller model of a larger and more expensive bag.
Size: 22 x 13 x 7 cm.

Anni '50

Borsa in camoscio nero per sera, con la cerniera dorata a mezza luna che le dà l'originale forma a sacco.
Misure: cm. 20 x 9 x 12

Fifties
Black suede evening bag, crescent-shaped gilded closure which gives it its original sack-shape.
Size: 20 x 9 x 12 cm.

Anni '50

Borsa in camoscio nero rettangolare con lungo manico e grande cerniera argentata decorata a cerchi simmetrici.
Misure: cm. 31 x 23 x 5

Fifties
Rectangular black suede bag, with long handle and large silver-plated clasp decorated with symmetrical circles.
Size: 31 x 23 x 5 cm.

Seconda metà anni '50

Borsa a bauletto in vernice nera con manico di bambù; fodera in raso rosso. S'ispira alla trousse degli anni '30.
Misure: cm. 25 x 17 x 8

1955-1960
Black patent leather case with bamboo handle: red satin lining. Inspired by the trousse of the Thirties.
Size: 25 x 17 x 8 cm.

Borsa estiva in raffia e cuoio marrone; si sperimentano così nuovi materiali per la produzione di borse in grande serie.
Misure: cm 33 x 20 x 12

Fifties
Summer bag in raffia and brown leather: trying out new materials for mass-produced bags.
Size: 33 x 20 x 12 cm.

Anni '50

Borsa in nappa nera con grande patella a disegni impunturati.
Doppio manico in finta tartaruga.
Misure: cm. 33 x 22 x 6

Fifties
Black soft leather bag with large flap decorated with punched designs. Double imitation tortoise-shell handle.
Size: 33 x 22 x 6 cm.

Fine anni '50

Borsa da pomeriggio in vitello verde, con piccolo manico rigido.
Modello classico dell'epoca per la sua elegante linearità.
Misure: cm. 23 x 15 x 9

Late Fifties
Green calf afternoon bag, with small rigid handle. Classic model in its day, with its elegant, linear style.
Size: 23 x 15 x 9 cm.

Anni '50

Borsetta da sera in gros-grain nero con trousse. Modello piatto con piccolo manico rigido.
Misure: cm. 22 x 13 x 5

Fifties
Black gros-grain evening bag with trousse. Flat model with small rigid handle.
Size: 22 x 13 x 5 cm.

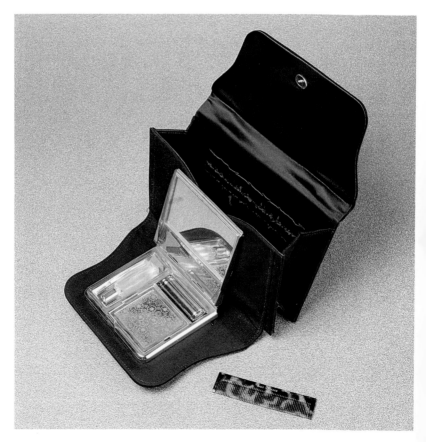

Particolare. La trousse è perfettamente incorporata nella tasca esterna della borsa; non è estraibile ed è in metallo francese dorato.
Misure: cm. 11 x 10 x 2

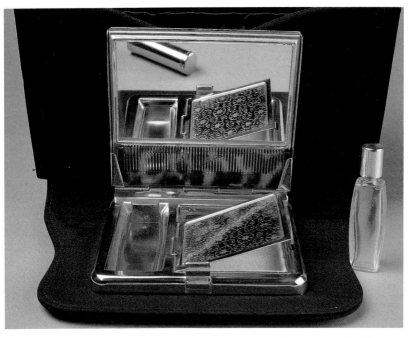

Detail. The trousse is perfectly incorporated in the outer pocket of the bag: it is not removeable and is made in gilded French metal.
Size: 11 x 10 x 2 cm.

Fine anni '50

Due borse bianche e nere di disegno geometrico, stile Courrège.

La più piccola, a borsellino, con cerniera rettangolare di plastica bianca, ha la tracolla a catena. L'altra porta incorporato il passante per il braccio.

Misure: cm. 16 x 14 x 3 - cm. 20 x 37 x 5

Late Fifties

Two black and white bags of geometric design, in Courrege style. The smallest, in purse-form has a white plastic rectangular clasp and a shoulder chain. The other bag has a loop handle for carrying on the arm.

Sizes: 16 x 14 x 3 cm., 20 x 37 x 5 cm.

Anni '50

Portanecessaire per uomo modello a scatola, in pelle di cinghiale.
I molti accessori sono in cristallo, acciaio inossidabile; le spazzole sono in fibra di nylon.
Misure: cm. 25 x 19 x 5

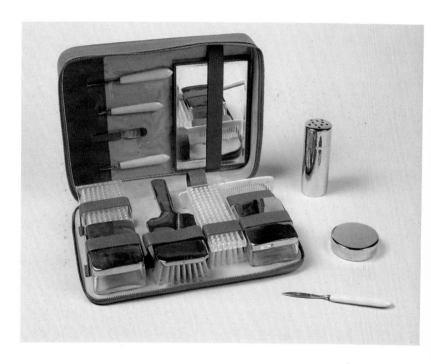

Fifties
Man's pigskin necessaire box. The many accessories are in cut glass and stainless steel, and the brushes have nylon bristles.
Size: 25 x 19 x 5 cm.

116

Anni '50

Grande borsa in cuoio naturale con cerniera in metallo argentato.
Manico tubolare rigido. Interno suddiviso da tasche e foderato in camoscio chiaro.
Misure: cm. 30 x 21 x 10

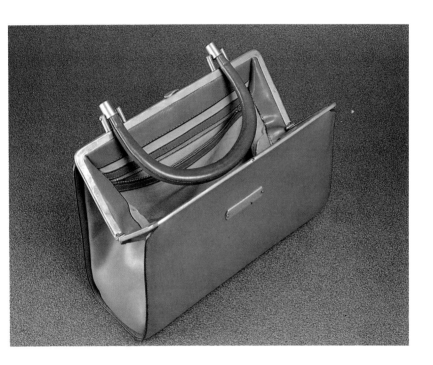

Fifties
*Large natural leather bag with silver-gilded metal clasp.
Rigid tubular handle. Subdivided inside into pockets and
lined with pale coloured suede.
Size: 30 x 21 x 10 cm.*

Fine anni '50

Borsetta da sera in velluto damascato a fiori. Lungo manico a catenella. La linea ricorda le borse del primo '900. Misure: cm. 22 x 19 x 5

Late Fifties
Velvet evening bag damasked with flowers. Long chain handle. The style is reminiscent of early 20th century bags. Size: 22 x 19 x 5 cm.

119

Fine anni '50

Borsa in coccodrillo chiaro a grandi scaglie; il modello s'ispira alle borse da viaggio stile "diligenza".
Misure: cm. 39 x 21 x 18

Late Fifties
Bag in light-coloured crocodile with large scales; the model was inspired by travelling bags of the 'stage-coach' style.
Size: 39 x 21 x 18 cm.

Fine anni '50

Borsa bicolore in pelle marrone e camoscio chiaro. Modello dall'eleganza più classica elaborata in chiave moderna.
Misure: cm. 22 x 16 x 10

Late Fifties
Two-colour bag in brown leather and light suede. A modern reworking of the most classically elegant style.
Size: 22 x 16 x 10 cm.

Fine anni '50 primi anni '60

Questa borsa anticipa la moda degli anni '60, ricca di nuovi colori vivaci. In pelle e camoscio.
Misure: cm. 21 x 16 x 8

Late Fifties, early Sixties
This bag anticipates Sixties fashion, bursting with new bright colours. Made of leather and suede.
Size: 21 x 16 x 8 cm.

UN PO' DI STORIA

La storia passata e presente della vita di ognuno di noi può essere rivisitata e illustrata anche percorrendo un itinerario tra oggetti legati alle abitudini quotidiane e, nel nostro caso, all'uso di accessori quali la borsa e la valigia.

Nell'addentrarci nella storia di borse e valigie, è utile tenere presente un doppio binario di lettura nella loro evoluzione sempre strettamente legata allo stato sociale ed economico delle persone alle quali sono appartenute; una lunga strada, infatti, è stata percorsa dall'uomo e naturalmente dalla donna, prima che questi accessori divenissero popolari e alla portata di tutti, come sono ora.

Per alcuni secoli si può parlare, ad esempio, delle borse soltanto come oggetti appesi al fianco di gentiluomini o tra le mani di dame.

Rare sono le notizie di borse legate ad usi popolari, salvo quelle destinate al lavoro come le sacche degli artigiani o dei venditori ambulanti, le borse dei medici e delle ostetriche, o quelle per i lavori femminili di cucito e maglia.

L'accentuata caratterizzazione dell'uso di questi accessori - che si esprime in modo più evidente attraverso la qualità delle lavorazioni e i materiali - resterà tale in

---

A LITTLE HISTORY

The history of a person's life, past or present, can be recounted and illustrated in many ways, but in particular, one can follow the itinerary associated with everyday habits: in this case, the use of accessories such as bags and suitcases.

When delving into the history of bags and suitcases, it is useful to trace their evolution along two parallel courses, according to the social and economic status of the people who owned and used the items. A great deal of time passed before these accessories became widely available to men and women, as is the case today.

For many centuries, for example, bags could be considered only as objects hanging at a gentleman's side, or clutched between a lady's hands.

There is less information about bags for popular use, apart from those used for work such as the craftsman's or street-seller's bag, or the doctor and midwife's bag, or those used for women's crafts such as sewing or knitting bags.

The marked social differences in the use of these accessories - clearly shown by the quality of workmanship and materials - remained a constant factor up until the end of the Second World War. From then on, as highly advanced industrialization

modo particolare fino al termine della seconda guerra mondiale.

Da allora ha avuto inizio, con il supporto di un'industrializzazione avanzata, una vera rivoluzione delle abitudini e dei comportamenti, specialmente tra le donne, che renderanno popolari nei decenni successivi l'acquisto di oggetti in precedenza riservati a persone di classi sociali privilegiate.

La borsa, definita da qualcuno "lo scrigno dei segreti femminili", alle sue origini ha avuto una vita avventurosa e interessante.

Nata per l'uomo, si è in seguito affermata sempre più come accessorio indispensabile alle signore che ancora oggi la preferiscono alle tasche degli abiti, sue eterne concorrenti. Nella sua evoluzione essa ha risentito di tutte le vicissitudini sociali ed economiche che hanno contraddistinto la vita della gente.

Conoscere la storia della borsa significa anche conoscere il rapporto che le persone di tutti i ceti sociali hanno avuto, attraverso i secoli, col lavoro, la praticità, la vanità e la moda.

Della borsa nell'antichità si hanno poche tracce iconografiche e ancor più rare citazioni scritte, ma è logico credere che le prime fossero sacche ricavate dalle pelli degli animali, materiale questo che, se non conciato, si polverizza: ecco perché sono così rari i reperti significativi come la gerla di pelle di Hallstatt, usata per il

---

began to emerge, there was a real revolution of habits and behaviour, especially amongst women. This led to the wide-scale purchase, in the years to follow, of articles hitherto reserved for persons of the privileged social classes.

The bag, which has been described as 'the casket of ladies' secrets', had a very interesting history, especially as regards its origins.

First conceived for men, the bag later asserted itself as an indispensable accessory for women, who today still prefer it to their dress pockets, the bag's eternal rival. During its evolution, the bag has been influenced by all the social events that have marked the life of the people.

Understanding the history of the bag helps in the comprehension of the relationships between people, of whatever social standing, and their work, everyday life, vanities and fashion, over the centuries.

The bags of many centuries ago have left us with very few physical remnants, and even rarer written traces, but it is reasonable to assume that the earliest bags consisted of sacks made from animal skins: if this material is not tanned, it falls into dust. This is why important findings are so rare, such as the leather pannier of Hallstatt, used to carry salt and discovered in the town of the same name in the region of Salzburg: here salt deposits were known and used right back in 2000 B.C. Tran-

trasporto del sale e rinvenuta in questa località del Salisburghese, in un giacimento di sale risalente a circa il 2000 a.C.

Trasportare gli strumenti per il lavoro e le armi per la guerra e la caccia doveva essere una necessità gravosa; perciò fu certamente un'idea geniale, quella che ebbero i nostri lontani antenati inventando la borsa.

La borsa al maschile

Fino all'anno mille, a differenza di altri accessori spesso citati da scrittori e storici, la borsa ha trovato rari spazi nelle descrizioni dell'abbigliamento se non a proposito di sacche da viaggio oppure, come si è già accennato, portastrumenti per il lavoro o contenitori per alimenti. Marco Polo nel "Milione" quando narra la sua visita ai Mongoli, descrive fra l'altro i sistemi da loro usati per conciare le pelli di cammello e di cavallo per ricavarne anche "sacche e orci".

La borsa come la intendiamo noi è entrata assai tardi nell'uso corrente ed é solo dal medioevo che se ne conosce l'evoluzione, subito legatasi, per scherzo del destino, alla professione del "tagliaborse" il cui nome derivò dall'atto di tagliare con destrezza le cinghie che la trattenevano alla vita o sulla spalla degli uomini, i primi e quasi i soli per diversi secoli a usarla.

---

sportation of work tools, and weapons for war and hunting, must have been a painful necessity, and the invention of the bag by our distant ancestors was certainly a bright idea. The same idea is still as valid today, after many centuries of the evolution and rise to widespread popularity of the bag.

The man's bag.

Up to the year 1000, the bag, unlike other accessories often quoted by writers and historians, rarely figured in descriptions of style of dress, except for travelling bags, tool bags or food containers as mentioned previously. Marco Polo, in his account of his visit to the Mongols included in the 'Milione', described the systems used by the Mongols to tan camel and horse hides, employed in the fashioning of 'sacks and pitchers'.

The bag as we know it came into common use only much later: evidence of its evolution dates to the Middle Ages, when, perhaps inevitably, it became associated with the profession of 'bag cutters'. This name derived from the technique of skilfully cutting the straps fastening the bag to the man's waist or shoulders before snatching it away. In fact men were the first to use the bag, and it remained a male possession for several centuries.

Le prime borse furono quelle grandi da viaggio e i carnieri per la cacciagione che i signori portavano a tracolla, mentre pastori e contadini avevano capaci bisacce e i pellegrini, più semplicemente, il tascapane.

Molti degli oggetti che noi ora siamo abituati a portare in borsa allora venivano appesi alla cintura. Accanto alla scarsella (piccola borsa portaoggetti) c'era la borsa per il denaro che chi voleva apparire ricco faceva confezionare di grandi dimensioni (il popolo ironizzava "grande borsa e picciol dinero..."), e che sotto il coperchio spesso recava, ben fissato, un coltello o un pugnale.

Fino al '300 e '400 circa divenne assai comune anche l'elemosiniera, dapprima usata per la raccolta delle elemosine in chiesa e poi adattata, con qualche modifica, al trasporto di piccoli oggetti personali. Il modello per signora conteneva il necessario per il cucito, poiché era indispensabile avere a portata di mano ago e filo per cucire le parti degli abiti soggette a strappi, essendo allora sconosciuti i bottoni. Gli uomini ebbero fino al rinascimento quasi l'esclusiva dell'uso delle borse e mostrarono di averne particolare cura, facendole confezionare in cuoio, seta, maglia, talvolta montate su cerniere di rara bellezza ornate con preziose sculture metalliche, opere di artigiani orafi che amavano riprodurre le torri del castello del signore oppure scene di caccia o di guerra.

The first types were large travelling bags, hunters' game bags, carried by gentlemen on the shoulder; shepherds and peasants had roomy knapsacks, and pilgrims had an even simpler haversack.

Several of the objects that today are carried in the bag were, in those days, attached to the belt. As well as a purse, there was the money bag which was made, in order to satisfy the need to appear rich, in large sizes, leading to the expression 'big bag, little money'. Under the bag's flap was a firmly-secured knife or dagger.

Up to the 14th and 15th centuries, the alms bag was also fairly common: at first it was used for collecting alms in church, and later it was adapted with some modifications to carrying small personal items. The lady's model contained all the necessary sewing gear for resewing parts of garments liable to be torn: it was essential to have needle and thread, as buttons were not used in those days.

Bags were used exclusively by men up until the Renaissance: they were evidently a prized possesion, earning special care. Their owners had them made of leather, silk, or crochet work, and they were often fitted with clasps of rare beauty, decorated with sculptures in precious metals, by goldsmiths who delighted in the reproduction of towers of their client's castle, or else in hunting and war scenes.

'Handbag' was the name given to the smaller version of the bag: it was worn on

"Borsetta" veniva chiamato un modello più piccolo della borsa; la si appendeva al collo e, di solito, conteneva gioielli e reliquie, a similitudine della borsa da matrimonio che faceva parte del corredo delle fanciulle che andavano spose e conteneva i ritratti dei fidanzati o i loro simboli di famiglia.

Nel '500 le borse che gli uomini portavano in bella mostra appese alla cintura si ridussero a dimensioni sempre più piccole, poiché dovettero far posto alle armi; nel '600 praticamente scomparvero sostituite da tasche nascoste nelle ampie brache allora in uso. Fu proprio la moda degli abiti larghi a mettere gli uomini nella condizione di non sentire più la necessità delle borse, almeno fino a quando la moda degli abiti aderenti ne decretò, più tardi, il ritorno.

Per buona parte del '700 ai bisogni delle dame, di avere a portata di mano oggetti o denaro, provvedevano i cavalieri serventi che, in capaci tasche, nascondevano tutto quanto serviva per la toilette, la salute o i capricci; sebbene le signore avessero anch'esse tasche perfettamente nascoste nei grandi panieri che sostenevano sui fianchi gli abiti, tasche alle quali accedevano grazie a tagli perfettamente mimetizzati nelle pieghe del tessuto.

---

the shoulder and usually contained jewels and souvenirs. Similar to this was the 'marriage bag', a part of the young ladies' trousseau while awaiting marriage, and which contained pictures of their fiancé or their family emblems.

In the 16th century, the bags that men wore proudly at their belt became smaller and smaller, because they had to make room for weapons. In the 17th century, bags virtually disappeared, replaced by pockets concealed in the ample breeches that were then in fashion. It was, in fact, the fashion for wide garments that led to men no longer feeling the need for carrying a bag, at least not until the fashion for tight-fitting clothes later called for their return.

During most of the 18th century, a lady's requirements of ready money or necessary items were met by gallant servants whose roomy pockets concealed all that was needed for the lady's toilette, health or fancies. This was in spite of the fact that ladies also had pockets perfectly concealed inside the panniers of their dresses. Access to the pockets was attained by means of cuts, perfectly camouflaged by the folds in the fabric.

The lady's bag.
At the end of the 18th century, the ideal female silhouette changed radically, fa-

La borsa al femminile

Alla fine del '700 la silhouette femminile cambiò radicalmente e venne valorizzata con abiti aderenti, confezionati con tessuti leggerissimi bianchi o di colori chiari, spesso riccamente ricamati, e poiché questa moda aveva lo scopo di esaltare le linee naturali del corpo, fu escluso l'inserimento delle tasche; il che decretò il ritorno della borsa, questa volta tutta al femminile.

La borsa come accessorio moda e quindi la storia della sua evoluzione moderna nascono sostanzialmente in questo periodo ricco di forme e materiali, sempre in perfetta sintonia con la moda degli abiti.

''Balantine'' venivano chiamate le piccole borse che le dame facevano dondolare, con movimento quasi ritmato, all'altezza del ginocchio; erano di media misura con un manico lungo e flessibile che poteva essere arrotolato attorno alla mano, al braccio o alla vita. La forma preferita era quella a ''urna'' che si ispirava direttamente alla classicità greca e romana; ma non mancavano le forme a conchiglia, a fiore, nonché i piccoli sacchetti di rete chiamati ''reticules'', oppure le bustine; nappe, ghiande e frange le ornavano ai lati o sul fondo.

Gli artigiani dell'epoca gareggiavano nel creare non solo borse ma anche tutta una serie di contenitori per custodire o trasportare quanto poteva servire alle signore.

---

vouring the use of close-fitting dresses, made of very light fabric in white or a pale colour, often richly embroidered. This fashion intended to set off to best advantage the body's natural lines, and so the use of pockets was excluded. Hence there was a return to the handbag, this time in exclusively feminine style.

Therefore, the bag as a fashion accessory and its evolution in this sense derives essentially from this period. It was rich in shape and materials, always perfectly matched to the fashion of the dress.

'Balantine' was the name given to those small bags which ladies swung to and fro, with an almost rhythmic movement: they hung down to about knee-height. The bags were medium-sized, and had a long, flexible handle that could be wound around the hand, arm or waist. The favourite shape was the 'urn' directly inspired by Greek or Roman classical antiquity: there were also shell and floral shapes, as well as small bags or purses made of net and known as 'reticules'. Lastly, there were 'bustine', flat, envelope-shaped bags, made of soft leather with acorn-shaped buttons and fringes decorating sides or bottom.

There was great competition between craftsmen of the time to create not only bags, but also a series of containers to hold or carry whatever could be needed by a gentleman. So there were beautiful caskets, small cases, precious holders and exquisi-

Si ebbero così bellissimi cofanetti, valigette, preziosi astucci e deliziosi beauty-case per contenere profumi, ciprie, pettini e spazzole, spezie, nastri e fili, ma anche il necessario per scrivere, gioielli, amuleti e lettere d'amore.

Nello stesso periodo gli uomini rinunciarono alle borse preferendo portafogli e borsellini che, secondo le cronache del tempo, il più delle volte erano regali non graditi da parte di dame che li confezionavano personalmente ricamandoli con cura, certamente nella speranza di essere ricordate.

È importante tener presente che questi sono gli anni delle Rivoluzione francese durante i quali sulla moda influiranno precisi significati e simboli politici che porteranno le classi sociali elevate ad accettare un gusto, almeno apparentemente, più sobrio e lineare.

All'approssimarsi dell'Impero la borsa non fu più tanto di moda e per buona parte dell'800 essa comparve raramente, preferibilmente a forma di "elemosiniera", forse più adatta a donne che preferivano tenere tra le mani delicati fazzoletti oppure preziosi ventagli; mentre alla cintura agganciavano il carnet per il ballo.

Solo nella seconda decade del secolo venne registrato qualche significativo, anche se sporadico, ritorno delle borse. Esse erano piccole, di linea arrotondata, oppure rigonfie ai lati e appuntite alla base, ottagonali o a conchiglia e sempre con un ma-

---

te beauty cases containing scents, powder, combs and brushes, spices, ribbons and threads, as well as writing materials and love letters, jewels and amulets.

At the same time, men gave up their general-purpose bags, preferring wallets and purses which, according to chronicles of the day, were more often than not unwanted gifts from ladies who wrapped them up personally, embroidering them with loving care, certainly wishing to be remembered.

It should be emphasized that these were the years of the French Revolution, and during this period, fashion was influenced by certain precise factors and political resons, leading to the acceptance on the part of the higher social classes of a plainer and simpler taste, at least to all appearances. Just before the days of the Empire, the bag was no longer in fashion, and it appeared only rarely for most of the 19th century, generally in the form of an 'offertory bag': this was probably the most convenient bag for ladies who preferred to hold delicate handkerchiefs or precious fans in their hands, while the carnet was attached to the waistband while dancing.

It was only in the second decade of the 19th century that there was a sporadic yet significant return of the bag. These were small and rounded in shape, or else they were padded at the sides and pointed at the base, or octagonal or shell-shaped, always with a short handle: others resembled the officer's cartridge pouch. In com-

nico corto; altre ancora erano simili alle giberne degli ufficiali.

In omaggio alle conquiste di Napoleone anche le borse portarono i simboli dell' Imperatore e così sfingi e palme ornarono bottoni e cerniere, spesso d'avorio o di metallo prezioso.

Nella storia delle borse questi modelli sono sempre stati considerati tra i più belli e originali, riproposti poi in moderne versioni anche nel nostro secolo.

Alla seconda metà dell'800 risalgono invece tanti altri piccoli capolavori realizzati in velluto, seta tesa su cartone sbalzato, oppure in lacci di seta intrecciati a fili d'argento e d'oro, damaschi ricamati, lini dipinti e pizzi.

Materiali altrettanto preziosi anche per le più grandi borse da lavoro che seguivano ovunque le signore, sia in casa che in viaggio, per permettere loro di ricamare o lavorare all'uncinetto; non mancavano nel corredo di fanciulle e signore neppure le borse per la toilette con profumi e sali, oppure quelle da portare in spiaggia e le borse-cuscino da viaggio.

"Nuovo rococò" è chiamato lo stile che domina quest'epoca, quasi un ritorno a un modo di vivere prerivoluzionario, con la ricca borghesia alla ricerca di un'affermazione sociale che la nascita non le riconosceva e che gli studiosi del costume consideravano una mal riuscita versione dell'autentico rococò.

---

memmoration of Napoleon's victories, the bags also bore the symbols of the Empire, with sphinxes and palms adorning buttons and clasps, which were often made of ivory or precious metal.

The models from this period in the history of the bag have always been considered as being amongst the most attractive and original ever produced, and in fact they have been recreated in more modern versions in the 20th century. However, the second half of the 19th century also witnessed the creation of many other small masterpieces, made of velvet, or silk stretched on embossed cardboard, or in silk laces interwoven with gold and siver threads, embroidered damask, hand-painted linen or lace.

Equally precious materials were used in the larger work-bags that accompanied ladies both at home and during their travels, so that they could continue uninterrupted their embroidery or crochet work. A young girl's or lady's possessions always included a toilet bag with perfumes and smelling salts, beach-bags and cushion-bags for use when travelling.

'New Rococo' was the name given to the style that dominated this period, marked by a return towards the pre-revolutionary way of life, with the rich middle classes seeking a confirmation of their social status which, though earned, had been de-

Negli abiti, la linea maschile si fa più sottile mentre le donne portano vestiti dalle gonne sempre più ampie, sostenute dalle crinoline, all'interno delle quali si potevano celare nuovamente le tasche che però non soppiantarono la moda delle borse più piccole e preziose.

La borsa maschile assume dimensioni più ridotte: a tracolla, in cuoio, di giusta misura per contenere il denaro, la pipa e i documenti. È sempre rigorosamente usata per i viaggi, mai per il passeggio.

Fedeli compagni di viaggio

I primi viaggiatori furono i soldati che si spostavano per le varie campagne di conquista; di pari passo presero a muoversi per il mondo i commercianti e poi i pellegrini. Più tardi furono grandi viaggiatori anche gli artisti e, nel medioevo e rinascimento, anche i banchieri che visitavano corti e signorie offrendo in prestito denaro. Naturalmente non cessarono mai di spostarsi da un paese all'altro coloro che, seguendo le vie commerciali in certi casi antichissime, portavano merci da una città all'altra e da un continente all'altro.

A parte l'uso prima di cassoni - che nel medioevo e rinascimento avevano caratteristiche di mobilio - e poi di bauli che, per essere trasportati, richiedevano di solito

---

nied to them by birth. Scholars of fashion consider the style to be an unsuccessful version of the authentic Rococo.

The fashion featured men's clothes that were cut to fit ever more tightly, while women's skirts became wider, stretched on crinolines, inside which pockets could again be concealed. However the pockets did not supplant the fashion for small and exquisite bags.

The man's bag became smaller in size, with a shoulder strap: it was made of leather, and of the right size to hold money, pipe and documents. It was used only for travelling, never for strolls.

Faithful travelling companions.

The first travellers were soldiers, who moved from place to place during campaigns; they were followed by merchants and pilgrims who began voyaging about the world at roughly the same time. Later the great travellers included artists, and, in the Middle Ages and Renaissance, bankers started to pay visits to courts and lords offering money on loan. Of course, there were also the transport companies of yesterday, which, following the commercial routes (in some cases, very ancient), ferried goods from one town, or continent, to another.

l'uso di carri, il vero bagaglio dei viaggiatori a piedi o a cavallo fu per secoli la "sacca".

La valigia, come la intendiamo noi, sembra sia nata tra la fine del '600 e l'inizio del '700, già con una forma assai simile a quella rimasta poi per più di due secoli d'uso comune: allungata, chiusa con cinghie o con cerniera, uno o due manici, con base rigida o completamente floscia; quest'ultima vera anticipatrice di quelle a soffietto.

Caratteristica dell'epoca era la valigia per la diligenza che tanto spesso si è vista nei films ambientati nel Far West: rigida, squadrata alla base ma ripiegata nella parte superiore che, aprendosi, formava un perfetto parallelepipedo molto alto e capiente.

Il '700 e l'800 sono stati secoli nei quali masse sempre più numerose di persone cominciarono a spostarsi da un luogo all'altro, sia per conoscere paesi diversi che per necessità di lavoro. Nell'800, in particolare, ebbero inizio anche le grandi migrazioni verso nuove terre, America e Australia, e da ciò derivò un grande lavoro anche per i valigiai che per la clientela migliore studiarono contenitori adatti a trasportare, in modo sicuro e personalizzato, tutto quanto poteva servire per alleviare il disagio di un viaggio spesso assai lungo.

Though at first chests (which in the Middle Ages and Renaissance resembled pieces of furniture) and then trunks were used, requiring carts for transport, the true luggage of travellers on foot or on horseback was, for centuries, the 'sack'.

The suitcase as we know it today, seems to have been born in the period between the late 17th century and early 18th, already in a shape fairly similar to that which would remain in use for more than two hundred years: long, closed with straps or a snap fastener, with one or two handles, a stiff or an entirely soft base, the latter being a true predecessor of the concertina-type suitcases.

Suitcases for stagecoaches, so often seen in films set in the Far West, were also characteristic of their era: they were rigid, square at the base but folded at the top, so that when they were opened, they formed a perfect rectangular cube, very high and roomy.

During the 18th and 19th centuries, increasing numbers of people began to travel from one place to another, either to get to know other countries, or for work. More especially, in the 19th century, the mass migration to the new lands of America and Australia began, and this implied a great deal of work for the makers of leather goods, who designed (ex novo for their best customers) suitable containers for safe and personalized transport of all the items useful in relieving the discomfort of jour-

A quei tempi il cuoio era, per chi poteva permetterselo, il materiale utilizzato quasi esclusivamente per realizzare borse, borsoni e bauli da viaggio.

Dalle più antiche sacche confezionate con pellame morbido, affinché la forma potesse meglio adattarsi alle groppe degli animali sulle quali venivano fissati i bagagli, si era giunti a fabbricare - con cuoio appositamente conciato per essere impermeabile e molto robusto - contenitori più rigidi da legare sulle carrozze che, nel frattempo, erano diventate il mezzo di trasporto più comune sia per il servizio pubblico che per quello privato.

Le cronache del tempo parlano di signori che volevano portare con loro in carrozza tutto quanto erano abituati ad avere a casa: porcellane e cristallerie per pranzare durante le soste, raffinati necessaires per scrivere o da toilette con specchi, pettini, profumi e quant'altro era utile a uomini e donne per sentirsi sempre a proprio agio e che distingueva i più abbienti dagli appartenenti a più modeste classi sociali. Come si vede, trasportare abiti, a quel tempo, non era l'unico problema per il viaggiatore!

In seguito forme e materiali dei bagagli seppero adattarsi alla modernità dei nuovi mezzi di trasporto.

Ma già agli inizi del '900 le grandi navi che solcavano i mari non trasportavano

---

neys, which were often of long duration.

In those days, leather was the only material used for making travelling bags, holdalls and trunks, at least by those who could afford it.

The oldest sort of sack-type bag was made of soft skin, so that its shape adapted easily to the rump of the animal onto which it was secured: later containers were stiffer (manufactured in specially tanned, waterproof and tough leather) in order to be strapped onto the carriages which had, in the meantime, had become the commonest means of transport, both for public service and for individuals.

Chronicles of the times have left us descriptions of gentlemen who wished to carry in the carriage all those items that they were accustomed to having in the home: pieces of china and glassware for dining during stops, elegant 'necessaires' for writing or for personal toilette, with mirrors, combs, perfumes and anything else required by men and women for their constant comfort, a means of distinguishing the more wealthy from the more modest social classes. As one can see, in those days, the problems of a traveller were not merely restricted to carrying one's clothes!

Later, shapes of luggage and the materials used to make them were adapted to the modern style of new means of transport.

However, in the early 20th century, the great ships that sailed on the high seas not

solo set da viaggio che hanno fatto la gioia delle cronache mondane dell'epoca per la bellezza delle pelli con le quali erano realizzati, per il gran numero di valigie e bauli, per i favolosi corredi che contenevano; ma ospitavano anche misere sacche e fagotti dei più poveri, sostituite in seguito da altrettanto povere valigie di cartone, tela o legno, che contenevano i pochi beni degli emigranti che lasciavano la terra d'origine per paesi lontani e sconosciuti, in cerca di fortuna.

Arriva il '900

Per la storia delle borse il nostro secolo è stato certamente determinante perché, da una produzione artigianale che riserva le più belle a pochi eletti, si è passati a una produzione industriale che ha aiutato questo accessorio a divenire popolare. Fin dall'inizio il XX secolo ha dato segni di voler essere ricco di grandi cambiamenti, ma si dovette attendere la fine della prima guerra mondiale perché tanti stimoli innovativi trovassero giusti e ampi spazi.

Negli anni '10, la scomparsa del busto dall'abbigliamento femminile consentì alle donne una maggiore agilità di passo e libertà di atteggiamento. Il sentirsi più libere che in passato anche fisicamente, certamente le convinse di essere capaci di far fronte a nuove necessità. L'essere accanto all'uomo nell'affrontare la macchina bellica

---

only carried sets of travel luggage that earned an important place in contemporary society news as a result of the sheer beauty of the leather used to make them, the large number of suitcases, trunks and their fabulous contents: these ships also contained the miserable sacks and bundles of the very poor, later to be replaced by humble suitcases of cardboard, fabric or wood containing the few belongings of the immigrants who, after the two World Wars, left their native lands for far-off and unknown countrires in search of fortune.

Arrival of the 20th century.

Regarding the history of the bag, the 20th century has played a decisive role, witnessing the passage from a craftsman-based production of the finest objects for the chosen few, to industrial manufacture. This helped the bag to reach wide popularity. The 20th century showed signs of the great changes that were to come in the first years, but it was only after the First World War that technical and other innovations found the wide market that they deserved.

In the 1910's, the disappearance of the corset from women's clothing allowed them greater freedom, both from a point of view of physical movement and attitude. This sensation of freedom with respect to the past convinced women that they were ca-

della prima guerra mondiale, fu per le donne un importante passo verso l'emancipazione che si espresse sempre meglio anche nella moda.

Ma ancora molti erano i legami col passato del quale si volevano conservare alcuni valori, pur nella consapevolezza che grandi cambiamenti sociali e culturali erano già alle porte.

La nobiltà e la borghesia nei primi decenni del '900 accentuarono il loro dorato isolamento anche adottando una moda che portò al massimo la raffinatezza, l'eleganza e la ricercatezza nel vestire. Naturalmente le borse si adeguarono a questi dettami: erano oggetti piccoli, preziosi, realizzate in materiali e con lavorazioni raffinatissime.

In particolare furono gli anni '20 a tradurre nel concreto i mutamenti sociali che nei decenni successivi hanno cambiato così radicalmente la società. Le donne si schierarono in prima linea in questa rivoluzione rifiutando di rimanere legate a stereotipi di una femminilità che non consentiva loro di essere libere, indipendenti, dinamiche.

L'aspetto più evidente di questo cambiamento si esternò con la moda: capelli corti, gonne accorciate al massimo, corpi affusolati e liberi nei movimenti e stretta al braccio, la borsetta, divenuta indispensabile compagna e amica.

---

pable of dealing with new necessities, and being alongside men in the 1914-1918 war machine was an important step towards the emancipation of women. This emancipation, as always happens, was expressed best in contemporary fashion. But there were still many ties with the past, and there was a nostalgic desire to maintain some of these, even in the knowledge that great social and cultural changes were waiting around the corner.

During the first years of the 20th century, the nobility and middle classes emphasized their state of golden isolation, as shown by the adoption of a fashion that led to the highest refinement, elegance and affectation in dress. Needless to say, bags followed the trend: they were small and precious objects, made of beautifully crafted materials.

However, it was the decade of the Twenties that saw the implementation of those social changes that were to radically change society in the following ten years. Women joined ranks in the front line of this revolution, refusing to remain bound to a stereotyped femininity that did not allow them to be free, independent and dynamic. The most obvious of these changes was expressed in fashion: narrow hats, skirts as short as possible, slender bodies with unrestricted movement, and - clasped to the arm - the handbag became an indispensable companion and friend. Women

La donna volle borse comode, in cuoio, abbastanza grandi da contenere qualche oggetto in più che in passato. I modelli erano diversi, con manici pratici, grandi cerniere e tasche esterne.

Erano gli anni delle "maschiette" e degli artisti che inventavano geometrie audaci, sperimentavano materiali, linee, colori. Dall'architettura alla pittura, dalla poesia al vivere sociale, tutto era visto senza schemi o legami con il passato.

Di questo periodo sono le bellissime borse che seguono liberamente le varie tendenze: le borse futuriste, le piccole "pochette", le floreali interamente ricamate con perline multicolori e tutte le altre originalissime borsette che, numerose, sono giunte fino a noi.

La borsa divenne accessorio assolutamente indispensabile per tutte le ore della giornata, per accompagnare gli abiti da mattino, pomeriggio e sera, forse a dimostrazione che le donne potevano uscire di casa liberamente a tutte le ore senza aver bisogno dello chaperon che portasse loro il denaro, la cipria e il pettine.

Dall'autarchia alla guerra

Gli anni '30 videro il trionfo della borsa piatta, a portafoglio, la mitica "pochette" che si portava disinvoltamente sotto il braccio; diverrà un modello intramontabile

---

wanted the handbag to be useful, made of leather, and large enough to contain more items than previously. A variety of models emerged, with practical handles, large zips, and external pockets.

These were the years of 'boyish girls' and of the artists who created bold geometric styles, experimenting with materials, line and colours. From architecture to painting, from poetry to social living, everything was perceived from a viewpoint unfettered by preconceptions or by ties with the past.

During this period there were some really beautiful bags that reflected the various artistic tendencies prevailing: futuristic bags, the small 'pochette', richly embroidered floral designs with multicoloured beads, and all the other highly original bags which have been preserved in large numbers.

The bag had become an absolutely indispensable accessory for all hours of the day, a part of morning, afternoon or evening dress, perhaps indicating that women were free to leave the house at any time of day, with no need of an attending chaperon to carry money, powder puff and comb.

From autarchy to war.

The Thirties witnessed the triumph of the flat bag, folding in thirds, the mythical

del quale anche le donne degli anni '80 non possono fare a meno.

Il cinema, nuova passione dell'epoca, imponeva figure femminili che diventavano simboli di bellezza da imitare, così come le immagini di donne suggerite dalle ideologie politiche correnti.

La donna doveva essere sempre all'altezza del suo ruolo: bella, sana, attiva ed elegante se appartenente alle classi sociali elevate; brave massaie le altre, tutte però vestite e accessoriate in modo adeguato. Ogni abito, da lavoro, sportivo o da viaggio, da pomeriggio o da sera che fosse, aveva la sua borsa scelta fra tracolle, secchielli, bauletti e buste.

I modelli di borse di quegli anni sono tra i più belli e diversi, spesso coordinati con i set da viaggio egualmente realizzati con pellami pregiati. Vitello, coccodrillo, cinghiale, struzzo, daino e camoscio, lucertola e serpente erano tra i pellami di moda e li troviamo spesso uniti a metalli e smalti.

Tra gli articoli di pelletteria più prestigiosi che ogni collezionista sogna di possedere sono i necessaires da viaggio del tempo: valigie in cuoio che all'interno contenevano completi per toilette di grande bellezza: bottiglie in cristallo, scatole e vasetti in argento o metallo dorato, pettini e spazzole con impugnature d'avorio, completi per manicure.

'pochette' that was carried naturally and easily under the arm; it was to become an undying model which remains an essential item even for the woman of the 1980's.

Cinema, the new passion of the era, created female stars, symbols of beauty to be imitated, in the same way as the political ideologies of the time also created their own images of the woman.

Women always had to live up to their role: they had to be beautiful, healthy, active and elegant if they belonged to the upper classes, and good housewives if they were from other classes. All, however, had to be properly dressed, with suitable accessories. Each dress, whether for work, casual or for travel, whether for afternoon or evening wear, had its matching bag chosen from shoulder bags, bucket bags, travelling cases and flat bags.

The models of bags in those years were amongst the most attractive and varied ever produced, often matching with travelling luggage sets also made from highly-prized leather: calf, crocodile, pigskin, ostrich, doe-skin, chamois, lizard and snakeskin were the more fashionable materials, often used in combination with metals and enamels.

Amongst the most highly prized pieces of leatherwork that every collector dreams of possessing are the travelling 'necessaires' of the past: leather cases containing

Per gli uomini non mancavano i completi da scrittura con cartellette portalettere, blocchetti per appunti e indirizzi, inchiostri e penne: un piccolo ufficio da portare sempre con sé.

Alla metà degli anni '30, il mondo era in crisi per i difficili rapporti internazionali e contro l'Italia fascista nel 1935 vennero decretate le "sanzioni". Da qui nacque una moda "autarchica" che vestiva le persone con abiti e accessori confezionati con materiali prodotti senza materie prime d'importazione.

La moda non volle rinunciare a una certa ricercatezza di linee e modelli, ma si dovette adattare e l'inventiva degli stilisti e dei pellettieri si rivelò assai pronta. Borse e valigie furono fatte con cuoietti, tele gommate, feltri per cappelli, canapa, paglia ecc. lasciando ancora una volta i cuoi pregiati a una élite assai ristretta che poteva pagarne il prezzo.

Negli anni '40 con lo scoppio della seconda guerra mondiale la moda non era certo il primo pensiero di chi lottava strenuamente per sopravvivere.

In Italia, tutto il pellame disponibile, ricavato dagli animali allevati nel paese, era necessario per gli equipaggiamenti dei militari: scarpe, cinghie per armi e animali, giberne, guanti ecc.

Le signore dovettero sacrificare la loro vanità; molte di coloro che ancora sfoggia-

---

really beautiful toilette sets: glass bottles, silver or gilded metal boxes and jars, brushes and combs with ivory handles, manicure sets.

Men inevitably had their writing sets with folders of letter paper, notebooks, address books, pen and ink: a miniature portable office which they always carried around.

In the mid-Thirties the world was up against the crisis caused by difficult international relations with Nazi and Fascist dictatorships: 'sanctions' were imposed against Italy in 1935. This resulted in the 'autarchic' fashion whereby people wore dresses and accessories manufactured without the use of imported raw materials.

Nonetheless, fashion had no intention of abandoning its verve in design and types, but it had to adapt: the creativity of the designers and leatherworkers proved to be more than sufficient. Bags and suitcases were made of ready-worked leather, rubberized cloth, hat felt, hemp, straw etc., with the prized leather reserved to the few elite who could afford to pay the price.

The Second World War broke out at the beginning of the Forties, and fashion was obviously far from the thoughts of those desperately fighting to survive.

In Italy, all available animal skins, from Italian livestock, were required to equip the soldiers: shoes, belts for weapons and animal harnesses, cartridge pouches, gloves

vano borse in pelle spesso le avevano fatte riconfezionare ricavandole da vecchi modelli oppure, come diremmo oggi, "riciclando" modelli comprati in tempi migliori.

I favolosi anni '50

L'Italia in questo periodo si afferma sulla scena mondiale e stupisce tutti per la sua capacità imprenditoriale che, nel settore moda, diviene un vero stile: "italian style". I pellettieri italiani diventano industriali, pur non rinunciando alla grande tradizione artigianale che li ha resi tra i migliori del mondo.

Trionfa nuovamente il cuoio; non c'è pelle che non possa essere conciata per durare, essere tinta in qualsiasi colore, morbida come un tessuto e insieme straordinariamente robusta.

Sono anche gli anni dei Beatles, della Pop Art: tutto può fare spettacolo, anche la borsa e la valigia che si rivestono di colori sempre più audaci e con forme che sapranno anticipare gli anni '60. In diversi paesi del mondo inizierà una gara di creatività ed eleganza finalmente alla portata di un numero sempre più elevato di donne, dalle giovanissime in minigonna alle più mature, amanti di un'eleganza più classica e formale. Grandi industrie europee e americane contribuiscono alla crea-

---

etc.

Ladies had to forgo some of their vanity, and those who still took a pride in showing off their leather bags often had them remade out of old models, or otherwise re-using the models purchased in earlier and happier times.

The fabulous Fifties.

During the decade of the Fifties, Italy emerged to reach the forefront of the world scene, astonishing everybody for her capacity to be reborn from the ashes of destruction, and for her spirit of enterprise, a spirit which, applied to fashion, became a true style, the 'Italian style'.

Factories of leather goods became industrial, though still maintaining contact with the great tradition of craftsmanship which had made them amongst the best in the world.

Leather triumphed once again: there is no other skin which can be tanned to last, dyed in any colour, be as soft as a fabric and, at the same time, be extraordinarily tough.

These were also the years of the Beatles and Pop Art: everything was considered as making a contribution to the show of life and bags and suitcases featured ever

zione di nuovi materiali, primo fra tutti la plastica. Le borse si impongono come accessorio oramai indispensabile per le donne che, sempre più numerose, debbono affrontare impegni di lavoro fuori casa. Uscire la mattina e rientrare la sera richiede avere con sé tante piccole cose utili per uso personale; perciò nascono borse sempre più pratiche, più funzionali, più grandi.

La borsa, che è sempre più "lo scrigno dei segreti femminili", ne racchiude spesso un'altra più piccola e preziosa da usare quando si va a cena, a teatro, in casa di amici.

---

bolder colours and shapes, in anticipation of the Sixties. A race of creativity and elegance began, and these qualities were made available to an increasing number of women, from the very youngest in mini-skirts to the more mature who preferred a more classical and formal elegance.

New materials were created and employed, above all plastic. Bags had become an indispensable accessory for women who, in increasing numbers, had to face commitment of work outside the home. Going out in the morning to return in the evening means that many of the small items for personal use have to be carried around, and therefore bags have become more practical, functional and larger. By now the bag, which remains the 'casket of a woman's secrets', often contains another smaller and more refined bag, for use when dining out, going to the theatre or visiting friends.

VOLUMI PUBBLICATI IN QUESTA COLLANA /

VOLUMES PUBLISHED IN THIS SERIES

Finito di stampare
nel mese di giugno 1991